LETTRE
D'UN FRANÇAIS

A

M. HENRI D'ORLÉANS

PARIS

CHEZ TOUS LES LIBRAIRES

1861

Monsieur,

Il y a quelques jours, vous avez répondu au discours de S. A. I. le prince Napoléon, par une lettre sur laquelle nous nous permettrons quelques observations, dans le but de rectifier certains faits, et surtout certaines idées.

Vous vous êtes posé de telle façon — et nous devons vous en savoir gré—, que nous nous trouvons, de Français à Français, discutant sans esprit de parti, écartant avec soin les personnalités injurieuses ou malséantes.

Nous ne parlerons pas contre vous personnellement ; nous ne parlerons pas non plus pour l'empereur Napoléon III ; attendu que nous n'avons pas dessein de combattre en vous l'homme de parti; et que, pour ce qui est de l'Empereur, nous l'avouons franchement, nous ne nous tournerions pas de son côté, nous ne l'aimerions pas, quelles que puissent être, d'ailleurs, nos sympathies, si lui et les siens, continuant la politique de Napoléon Ier, ne donnaient pas, comme ils le font, l'impulsion aux idées et aux institutions progressistes.

Vous commencez vos réfutations par jeter un regard de rétrospective admiration sur le passé de la France. — Ce passé, dites-vous, ne fait pas horreur...

Ouvrons l'histoire :

Quels grands capitaines, quels grands guerriers morts sur le champ de bataille, ou plutôt pour vous mettre plus à l'aise, quels rois avons-nous donc à citer dans le nombre de ceux qui se sont succédés au milieu des conspirations de famille et des luttes de parti?

Par ordre de mérite : Henri IV et Louis XI.

Henri IV qui a conquis son royaume à la pointe de son épée. — Et nous ne parlons pas des dilapidations féminines du roi vert-galant.

A travers une fausse louange vous jetez le nom de parvenu comme vous auriez dit jadis : vilain ou canaille!

Qu'était-ce donc que Henri IV, de fait, sinon un parvenu?

Quant à Louis XI, il a un grand titre à nos yeux : celui d'avoir donné aux générations suivantes, par son petit 93 autocratique, une leçon de 89.

Voilà tout ce que nous pouvons détacher de ce passé qui ne vous effraye pas : un révolutionnaire et un parvenu. Il est vrai que nous le comprenons peut-être de diverses façons.

Rapprochons-nous de notre temps et sautons à l'époque qui suivit 1815.

La Restauration ne fut autre chose qu'une lutte incessante de la cour contre la charte, et de la nation contre la dynastie. Elle voulut, par les humiliations et la disgrâce, abaisser, ridiculiser les idées et les gloires de la veille, en en faisant le chauvinisme.

Et puis, et surtout, la Restauration s'est couverte d'une honte ineffaçable; et jamais l'histoire, la France ni la postérité ne lui pardonneront son vrai nom de *Restauration par les étrangers*!

Le Gouvernement de 1830, lui, fut un terme moyen, un système mixte, louvoyant entre chien et loup, n'ayant que de petites ambitions, de petites satisfactions d'amour-propre, de petites révolutions, de petits hommes et de petites idées. On avait alors une fiction de royauté, une fiction de pairie, une fiction de représentation.

Lorsque le Gouvernement avait travaillé à l'éclosion de ses petites malices, il s'appuyait de ses créatures à la Chambre des pairs, et des députés, pas plus convaincus qu'opposants, nommés par quelques centaines d'électeurs, et votant en scrutin secret.

Ne pourrait-on considérer leurs bulletins de vote comme autant de petites lâchetés anonymes?

Pour ce qui est des ministres et des actes ministériels, sous les d'Orléans, l'affaire Teste a jeté un certain jour sur la façon de procéder à cette époque.

Comment donc savoir gré à ce gouvernement sans audaces, comme sans bons retours, de n'avoir pas fait canonner en 1848 la garde nationale, qui n'était pas après tout aussi canonnable que vous voulez bien le dire; et de n'avoir pas ramené d'Afrique l'armée qui, du reste, une fois en face de concitoyens, aurait peut-être bien tiré en l'air au commandement de : Feu!... si toutefois elle avait tiré?

Comment ne pas penser qu'un tel gouvernement n'a pas, en ramenant les cendres de l'Empereur, et en rétablissant sa statue, cherché un reflet de popularité? Ce gouvernement ne croyait-il pas un peu faire illusion sur le temps présent, en rendant hommage à la gloire du passé?

De même, lorsqu'à l'affaire de Boulogne les d'Orléans commirent la faute—selon vous et bien des vôtres—de ne pas faire fusiller Louis Bonaparte, n'est-ce pas un peu parce qu'ils n'ont pas osé, parce qu'ils ont craint ce grand nom, lequel avait tellement fanatisé au temps de sa splendeur, qu'il aurait bien pu révolutionner quelque peu, alors qu'on lui aurait jeté comme insulte et comme défi un arrêt de mort?

Et puis, Monsieur, dans vos accusations empreintes d'amertume et de violence contre les Napoléon, vous commettez un oubli grave, mais assez utile à votre cause; vous ne dites pas que l'Empereur vous a donné amnistie *pleine et sans restric-*

tions, à vous, et à bien d'autres qui auraient pu auparavant venir en Italie affronter les mêmes balles que nous, non pas sous les aigles impériales, si vous le voulez, mais sous le drapeau de la France !

Si Louis-Philippe avait fait fusiller Louis Bonaparte, qui nous dit que cet acte n'aurait pas provoqué une de ces commotions soudaines qui renversent les dynasties coupables ?

Mais s'il avait fait canonner Paris, s'il avait rappelé l'armée, nous ne le jugerions pas impuissant, nous l'appellerions infâme !

Vous voyez bien que, pour n'avoir pas commis une cruauté pour laquelle la force d'action lui manquait, le roi Louis-Philippe n'a fait que se maintenir dans son plus rigoureux devoir.

Car, à cet endroit de votre lettre, Monsieur, vous vous éloignez un peu du sentiment qui grâce à Dieu, est irrévocablement admis, en discutant au point de vue du roi et non au point de vue de la nation.

Or, comme nous venons de le dire, grâce à Dieu d'abord, grâce à 89 ensuite, nous sommes désormais autorisés à regarder le souverain comme un chef, non comme un maître, comme le premier fonctionnaire public, non comme le propriétaire d'un trône, et possédant un peuple pour son service ou son bon plaisir.

Enfin, pour nous résumer sur le gouvernement de Juillet, nous dirons qu'il se ressent de ses diverses origines, qu'il est un amalgame de Louis XIV et de Philippe-Égalité.

Vous reprochez à Napoléon III d'avoir fait le coup d'État? Auriez-vous préféré que l'on restât toujours dans le *statu quo* où nous laissait l'Assemblée législative?

Il nous fallait un chef, une main ferme : Napoléon III est venu. Il n'a pas donné toutes les libertés? Soit; mais vous, Monsieur, qui devez avoir un peu étudié les époques analogues à

1852, vous devez savoir que, dans de tels moments d'effervescence, il faut quelquefois mâter certains partis et certaines oppositions dans l'intérêt même de l'ordre.

Mais aussi, voyez combien, depuis que la situation va s'améliorant, l'Empereur a marché dans la voie des libertés : l'amnistie, la liberté effective de la presse, l'organisation administrative de l'Algérie, le libre échange, que vous ne vous expliquez sans doute pas, pour en parler comme vous le faites, et tant d'autres faits qui viennent corroborer notre assertion.

Un mot aussi sur le suffrage universel qui a élu Napoléon III et les Chambres : les Bourbons, les d'Orléans, leurs pairs et leurs députés n'ont jamais eu à le présenter comme consécration de leur existence.

Du coup d'État vous passez au mot de l'Empereur : « l'Empire, c'est la paix. » Et nous avons eu, dites-vous, les guerres de Crimée et de Lombardie.

Raisonnons un peu, s'il vous plaît ; allons plus loin que le pied de la lettre, voyons son esprit :

L'Empire, c'est la paix ! la paix intérieure, la paix dans les rapports internationaux, la paix dans l'équilibre européen ; mais non la paix à tout prix, nuisible ou honteuse, la paix telle que l'aurait voulue peut-être le Gouvernement de juillet.

Quelque bon vouloir que l'Empereur eût d'économiser notre sang et notre poudre, devait-il abandonner à la Russie la clef de l'Asie? Devait-il laisser, à nos portes, la maison d'Autriche maîtresse et souveraine sur une nation dont le territoire fortifié, la population transplantée, nous auraient été une barrière de plus pour nous resserrer plus étroitement vers l'Océan?

Supposons un instant que la Russie possède Constantinople ; que l'Autriche soit militairement et civilement établie en Lombardie ; qu'une nouvelle coalition se forme contre la France, et que l'Angleterre, ce qui n'a rien d'impossible, se mette de la partie; qu'adviendrait-il de nous ?

Voilà pourquoi nous trouvons tout au moins irréfléchi, de votre part, de reprocher à Napoléon III les campagnes de Crimée et de Lombardie.

Et remarquez que nous n'usons pas de tous les avantages que nous possédons dans la discussion, puisque nous rappelons simplement pour mémoire le côté chevaleresque et vraiment français de ces deux entreprises, dans lesquelles la France se trouvait engagée comme partout où il existe « une cause juste et civilisatrice à faire prévaloir. » — Ces principes certes n'étaient pas ceux du Gouvernement de 1830, qui nous l'a prouvé de reste par sa conduite vis-à-vis des Polonais.

Vous appuyez enfin sur le pouvoir temporel du Pape et sur la restauration des grands ducs. — Encore une restauration qui ne pourrait s'accomplir que par les étrangers.

Le meilleur argument que nous ayons à vous opposer est le *suffrage universel*, que vous perdez de vue, que vous ne voulez même pas discuter, et pour cause.

Comment Napoléon III, dont le pouvoir repose tout entier sur cette manifestation nationale, ne l'aurait-il pas respecté, alors qu'il ne s'agissait plus de lui ?

L'Empereur a chassé les *Etrangers* de l'Italie tant que les intérêts de la France ne lui ont pas fait un devoir de s'arrêter; maintenant, les Italiens, avec l'aide de Garibaldi, sont assez libres et assez forts pour arranger leurs affaires sous un simple protectorat moral.

Et puis, le Pape, en tant que roi, et les grands-ducs, peuvent-ils bien être pris au sérieux ?

Le Pape, chef de cette Église dont le fondateur n'avait pierre où reposer sa tête, et qui se préoccupe comme condition presque *sine quâ non* de son existence, de quelques lieues de terrain mal gouvernées et de quelques revenus quelque peu extorqués et dilapidés par des cardinaux fainéants et des moines inutiles!

Les grands-ducs, vassaux de l'Autriche, ennemis de leurs peuples, étrangers dans leur pays!

Et tenez, Monsieur, à ce propos, vous avez eu tort de prononcer le nom de la reine Caroline.

Sans vous rappeler par le menu tous ces faits que vous appelez des calomnies, nierez-vous la pendaison de l'amiral Caracciolo, les massacres au retour de Caroline à Naples, ses amours avec un ministre justement flétri?

Et François II, n'a-t-il pas recueilli une grosse part de l'héritage du roi Bomba? Serments violés, promesses de constitution aussitôt reprises que faites, quitte à recommencer.

Les Bourbons de Naples, sous quelque face qu'on veuille les considérer, ont une cause honteuse que l'on ne peut défendre sans se fourvoyer sérieusement à tous les points de vue.

Quant à l'influence salutaire du doux gouvernement de juillet sur l'Italie, nous le nions complétement ; et si ce sont les institutions constitutionnelles existant alors à Naples et à Florence que vous souhaitez à la France, grand merci pour nous!

Puisque nous en sommes à la question italienne, disons quelques mots sur le général Lamoricière, qui peut-être pris comme type dans la fièvre d'émigration qui s'est emparée d'une certaine partie arriérée du faubourg Saint-Germain.

Le général Lamoricière, sur le sort duquel vous cherchez à nous apitoyer, a été nommé général, ambassadeur, représentant, — alors qu'il était républicain.

Certes, il fut brave soldat et bon général ; mais, lorsque la malencontreuse idée lui est venue d'aller porter son épée à Rome, il n'a sans doute pas réfléchi que Pie IX était presque Autrichien, que nous étions en guerre avec l'Autriche et que son épée pourrait se trouver demain en face d'une poitrine française. S'il avait réfléchi à cela, lui, le brave général, le bon français, ne se serait peut-être pas lancé dans une entreprise de parti qui pouvait l'entraîner loin, très-loin, jusqu'à porter les armes contre sa patrie.

Nous avons parlé, il y a quelques lignes, d'une certaine portion de ce qu'on appelle l'ancienne noblesse française. Vraiment cette coterie surannée est incorrigible : ces jeunes-vieux gentillâtres se croient encore des ailes de pigeon, et des boucles aux souliers ; ils viennent de courir à Rome comme jadis sur le Rhin ; ils cherchent, ils veulent, il leur faut à tout prix une armée de Condé ; par grâce ! un bon petit Coblentz, une bonne petite émigration, quelques bons petits cosaques. — C'est antipatriotique, c'est antifrançais, — peu importe, C'est si bon genre ! A Rome, du reste, on ne parle pas religion ; non, c'est bel et bon la politique qui est en jeu. Le s^irituel !... le temporel ne laisse pas le temps de s'en occuper. Et puis cela vous a un faux air coalition qui sied bien.

Voilà ce que devient, voilà ce que fait cette vieille souche française.

Elle est si bien déracinée de la nation, cette noblesse, qu'à chaque crise on la voit toujours incliner vers l'étranger.

De vos considérations personnelles, passons maintenant aux idées plus générales.

Vous tolérez 89, et c'est heureux ; mais vous condamnez 93.

Voyons, en bonne foi, l'un était-il bien possible sans l'autre ?

Les moyens violents sont toujours regrettables, et le sang tache toujours quelque peu la main qui le verse.

Mais qui donc accuser ?

Le peuple, qui renversait la Bastille, le droit d'ainesse, le servage, la suprématie des castes sur la nation, autant d'instruments contre ses immunités et ses franchises ? Allons donc!... Il rendait œil pour œil. — Le passé lui donnait sinon un droit, du moins une excuse.

Non, le sang versé ne retombe pas sur la masse que la fureur aveugle, mais qui, après tout, n'agit que de représailles.

Les horribles massacres de 93 ont eu leur terrible accomplissement en place de Grève; mais ce qui a véritablement élevé l'échafaud, c'est le fouet de chasse de Louis XIV, c'est l'oreiller souillé de Louis XV!

Par ordre chronologique, vous passez ensuite à Napoléon Ier, et nous retrouvons dans votre enthousiasme l'expression sincère, nous le croyons, du Gouvernement de juillet.

Cette admiration, nous la partageons à un très-haut degré; nous combattrons seulement les restrictions que renferment vos phrases et vos réticences mentales.

Et d'abord, nous voyons dans Napoléon Ier l'une des plus frappantes incarnations de la Révolution.

La Révolution a toujours été le travail des plus grands conquérants :

Le Christ, Luther, Rousseau, la préparèrent par la pensée.

Attila, Clovis, Louis XI, Cromwell, Jules II, Grégoire VII, Ivan IV, Pierre le Grand, Élisabeth, Robespierre et Napoléon Ier la consommèrent par la force.

Ce dernier la porta glorieuse, triomphante, resplendissante, dans les deux mondes, courbant les vieilles dynasties, relevant les peuples, proclamant les nouveaux droits, implantant les nouvelles institutions.

Il a été la barre de fer qui, la féodalité tombée, a tracé son point de démarcation d'avec la saine, la vraie démocratie.

Vous semblez un instant établir un parallèle entre lui et Louis XIV.

Certes, il fallait déjà un certain génie pour savoir réunir un essaim de grands hommes tel que celui dont le roi-soleil était entouré.

Mais Napoléon avait autour de lui une pléiade assez belle et assez imposante.

Là s'arrête la similitude.

Les grands hommes du grand siècle agissaient bien plutôt d'eux-mêmes, que sous l'impulsion royale. Colbert était maître et seigneur, organisateur contre le roi lui-même. Villars, en campagne, ne communiquait guère avec le roi que par ses bulletins de victoire ; aussi Louis XIV n'endosse-t-il qu'à demi la responsabilité des dragonnades.

Napoléon ?

C'est LUI qui fait son code; c'est LUI qui établit son organisation administrative; c'est LUI qui tient l'épée, dresse les plans, dirige les campagnes, remporte les victoires. Ses généraux, ses ministres, aussi braves, aussi capables qu'on peut l'être, agissaient sous la haute impulsion de son génie, rayonnant tous du grand centre.

Louis XIV fut grand par ses grands hommes ; les grands hommes de Napoléon furent grands par lui.

D'autre part :

Napoléon, aux Cent Jours, *ramène* ses cent grenadiers et réunit autour de lui, son armée, son peuple, dans un commun enthousiasme.

Louis XVIII, au contraire, *est ramené* dans sa patrie par des étrangers, des ennemis, des traîtres d'hier, d'aujourd'hui, et qui le seront demain !

D'un côté, l'entraînement, le prestige du génie et de la gloire ;

De l'autre, la honte de la peur !

Oui, peur ; et si grande que, le colosse tombé, ses compagnons d'armes, effrayants encore avec leurs vieux drapeaux mutilés, leurs poitrines cicatrisées, sont désarmés, humilié : on en fait les *Brigands de la Loire*.

Et, à ce propos, nous répondrons à une de vos objections sur l'abaissement militaire depuis 1815.

Qu'est-ce que la Restauration a trouvé en rentrant en France? une armée aguerrie, éprouvée, qui avait porté aux quatre coins du monde la gloire du nom français : Louis XVIII la décime, renvoie ses officiers en demi-solde, rend des grades aux émigrés.

Quant aux d'Orléans, sans avoir à leur reprocher leur organisation militaire, que font-ils?

L'expédition d'Ancône, qui se termina par l'abandon de l'Italie aux mains de l'Autriche ;

L'intervention en Grèce, qui eut pour résultat de couper ce pays en deux, et de le livrer à la double pression des prétendants et des étrangers ;

La conquête de l'Algérie, que l'on ne put garder qu'en faisant très-humblement les volontés de l'Angleterre.

Et, à ce dernier propos, Monsieur, pour répondre aux reproches que vous semblez adresser au prince Napoléon, il est assez curieux de mettre en regard la situation de l'Afrique sous Louis-Philippe ; de rappeler les ordonnances de 1842, 1844, 1845 et 1846, frappées d'impuissance et dénotant, ainsi que le constate une brochure datée d'Alger (1846), que nous avons sous les yeux, l'inintelligence, l'incapacité, le mauvais vouloir et l'ignorance de leurs élaborateurs. Mentionnons aussi l'action exorbitante accordée au conseil du contentieux ; constatons enfin que l'Afrique n'avait alors ni législation normale et constitutionnelle, ni administration capable, ni magistrature inamovible, ni liberté de la presse.

Nous ne savons pas exactement quel a été le rôle spécial du prince Napoléon dans la nouvelle organisation de l'Afrique ; mais nous avons chaleureusement applaudi à son discours, qui, selon nous, porte en avant, plus cent fois qu'on ne l'avait fait jusqu'ici, les tendances progressites et libérales; et nous trouvons dans son œuvre matière à le juger promoteur des idées qui représentent le véritable but de la France.

Il est un sujet sur lequel vous trouvez que le Prince revient trop souvent. Nous vous avons dit notre pensée sur 93; nous voulons parler maintenant des traités de 1815.

Comment notre cœur ne bondirait-il pas de honte et de ressentiment, au simple souvenir de ces traités imposés à la France comme un insolent *usque hùc ades*, par des gens qui ne nous ont pas vaincus, mais auxquels on nous a vendus; des gens qui nous ont défendu de rétablir la dynastie tombée, si jamais le bon plaisir nous en prenait; nous imposant à la place un monarque, lequel, ne pouvant être roi sur la force, a voulu du moins régner sur l'épuisement; des gens enfin qui nous ont tué Napoléon Ier et quelque peu Napoléon II!

Et quand bien même ces traités auraient eu d'aussi brillantes conséquences que celles que vous leur accordez, telle était la honte dont ils nous couvraient, que le devoir d'un Napoléon, le devoir d'un Français, était de les déchirer de la pointe son épée ou du talon de sa botte, et d'en jeter les lambeaux à la face des ennemis consternés de la France!

Non, non, Napoléon Ier n'est pas le vrai coupable : c'est la trahison, la coalition qui ont tué l'empire; ce sont les princes émigrés qui ont élaboré ces traités, qui les ont signés des deux mains, et ont rendu à leurs bons amis les conquêtes que l'Empereur avait faites sur eux.

Avant de terminer, permettez-nous encore un mot de rectification pour un fait historique :

La bataille de Waterloo, dites-vous, était impossible à gagner, et Napoléon la savait perdue dès le principe. Nous en appelons de l'autorité des historiens et de ceux qui en peuvent parler *de visu*.

La bataille de Waterloo a été gagnée, et tellement que la

retraite de l'armée anglaise était commencée, jusqu'au moment où le corps d'armée ennemi est venu à la place de celui que Napoléon attendait.

Le nom de Waterloo nous ramène naturellement à ce que vous dites de la Belgique.

Le roi Léopold, fort habile politique, s'appuie sur l'Angleterre par sa parenté, sur l'Autriche par son alliance, et voudrait bien, dit-on, réussir de même à Saint-Pétersbourg, qui ferait à son second fils l'aumône d'un petit trône à Bukharest.

Ne devient-il pas un peu une sentinelle avancée de la sainte alliance contre la France, ce pays que Louis-Philippe n'osa pas annexer à sa patrie naturelle?

Et pour revenir à notre point de départ, le désastre de Waterloo ne sera définitivement vengé que lorsque Waterloo sera redevenu français.

Nous nous arrêtons.

Encore une fois, nous ne sommes vis-à-vis de vous ni des ennemis ni des raisonneurs de parti pris; nous sommes des Français à qui vos théories semblent rétrogrades, alors surtout qu'elles répondent aux idées émises par le prince Napoléon.

Nous ne sommes pas non plus des admirateurs à gages, ni des partisans quand même; seulement, au moment où le gouvernement de l'Empereur, sorti des incertitudes d'une révolution, indique sa véritable voie, nous croyons devoir protester contre les accusations dont vous le chargez. Car, bien que vous en disiez, si vous veniez en ce moment à Paris, vous verriez qu'on ne s'assassine pas dans les rues.

Prenez garde, Monsieur; votre lettre, tout adroite qu'elle oit, est un bon petit brandon de discorde; et si elle avait porté les fruits que vous en attendiez, c'est à vous que, dans quelques années, on pourrait demander:

Qu'avez-vous fait de la France?

Imprimé par Charles Noblet, rue Soufflot, 18.

www.ingramcontent.com/pod-product-compliance
Ingram Content Group UK Ltd.
Pitfield, Milton Keynes, MK11 3LW, UK
UKHW032040260826
14628UKWH00007B/3087

9 782016 123607